1902 (Mai 15)

VENTE
DU
Jeudi 15 Mai 1902
HOTEL DROUOT, SALLE N° 6
à 2 heures

AF349927

TABLEAUX

Pastel, Dessins, Gravure

PAR

A. DE NEUVILLE

Portrait d'A. de Neuville, par MATHEY

PROVENANT DE LA

Succession de Mme A. DE NEUVILLE

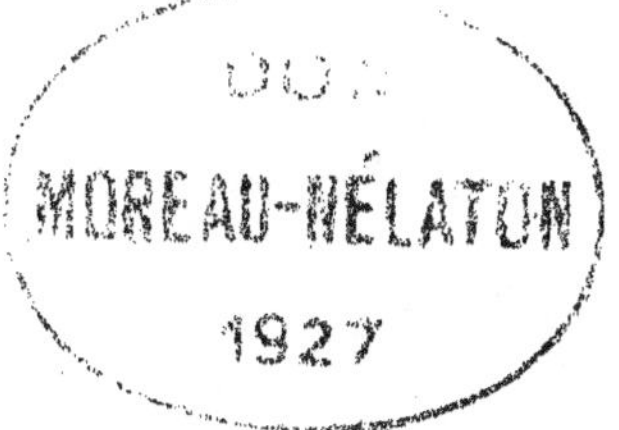
MOREAU-NÉLATON
1927

COMMISSAIRES-PRISEURS
Me P. CHEVALLIER | Me R. HÉMARD
EXPERT
M. GEORGES PETIT

CATALOGUE

DE

TABLEAUX

Pastel, Dessins, Gravure

PAR

A. DE NEUVILLE

Portrait d'A. de Neuville, par MATHEY

Provenant de la

Succession de Mme A. DE NEUVILLE

ET DONT LA VENTE AURA LIEU

HOTEL DROUOT, SALLE N° 6

Le Jeudi 15 Mai 1902

à 2 heures

COMMISSAIRES-PRISEURS

Me PAUL CHEVALLIER | **Me R. HÉMARD**
10, rue Grange-Batelière, 10 | 8, rue de la Victoire, 8

EXPERT

M. GEORGES PETIT, 12, rue Godot-de-Mauroi.

EXPOSITION PUBLIQUE

Le Mercredi 14 Mai 1902, de 1 h. 1/2 à 5 h. 1/2

CONDITIONS DE LA VENTE

Elle sera faite au comptant.

Les Acquéreurs paieront *dix pour cent* en sus des prix d'adjudication.

Paris. — Imp. Georges Petit, 12, rue Godot-de-Mauroi. — 11961-02

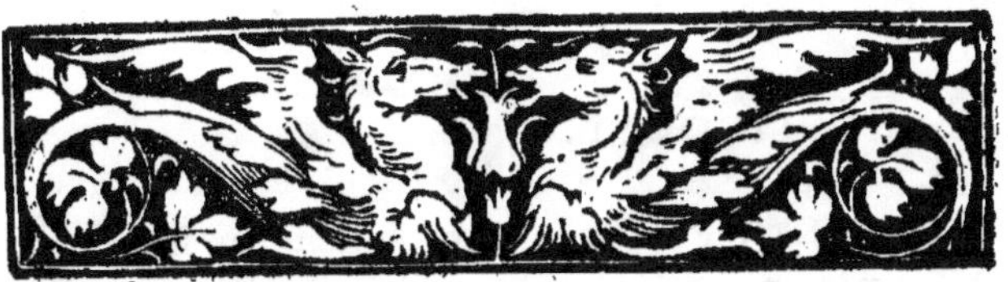

TABLEAUX

I — Le Parlementaire.

Un officier de uhlans, envoyé comme parlementaire, est introduit, un bandeau sur les yeux, dans l'enceinte d'une ville assiégée. Escorté d'un détachement de mobiles sous les armes, il marche la tête haute, suivi d'un trompette et du drapeau parlementaire fixé à une lance que porte un uhlan. Les habitants profitent de la trève pour sortir de leurs maisons. Un groupe se forme sur la droite : une femme en deuil, son enfant dans les bras, se précipite sur le passage de l'officier pour l'insulter et le menacer du poing.

Au fond apparaissent, entre la poterne et une maison en ruines, les remparts de la ville, occupés par l'artillerie de siège.

A gauche, en bas, cachet de la vente.

Toile. Haut., 1 m. 36 ; larg., 2 m. 12.

2 — Héricourt.

L'ennemi occupe le village où les obus ont mis le feu. Une batterie d'artillerie française abandonne ses premières lignes et se porte sur une éminence couverte de neige, où elle va prendre ses nouvelles positions. Un officier, debout sur ses étriers entre deux attelages, s'arrête au milieu de la fusillade et, le bras levé, donne l'ordre de se mettre en batterie. Le village apparaît au fond du tableau, avec ses toitures couvertes de neige, sous un ciel sillonné d'obus.

Signé à gauche, en bas, et daté : *1882*.

Toile. Haut., 1 m. 18 ; larg., 82 cent.

3 — Étude pour le panorama de Rezonville.

(Sur la palette du peintre.)

Signé à gauche, en bas, et daté : *1883*.

Panneau. Haut., 42 cent.; larg., 72 cent.

4 — La Femme au châle rouge.

Signé à gauche, en bas, et daté : *1874*.

Toile. Haut., 1 mètre ; larg., 64 cent.

5 — Portrait de de Neuville par lui-même.

Signé à gauche, en bas, et daté : *Pierrefonds,* *août 77.*

Toile. Haut., 51 cent. ; larg., ?1 cent.

6 — Portrait de jeune femme.

Signé à droite, en bas : *A. de N.*, et daté, en haut, à gauche : *Valvins, oct. 78.*

Toile. Haut., 32 cent.; larg., 24 cent.

7 — Portrait de jeune femme.

Signé à droite, en bas.

Toile. Haut., 34 cent.; larg., 23 cent.

MATHEY

8 — Portrait de de Neuville.

Signé à gauche, en haut.

Toile. Haut., 78 cent.; larg., 60 cent.

PASTEL
Dessins — Gravure

---

9 — Le Cimetière de Saint-Privat.

Gravure rehaussée de lavis.

Signé à gauche, en bas, et daté : *1881*.

(Exposition Centennale de l'Art français en 1889.)

Haut., 52 cent.; larg., 64 cent.

10 — Les Joueurs de biniou.

Pastel.

Haut., 32 cent.; larg., 27 cent.

11 — La Lecture.

Dessin au crayon, rehaussé de gouache, sur papier gris.

En bas, à gauche, cachet de la vente.

Haut., 58 cent.; larg., 48 cent.

12 — La Couture.

Dessin au crayon, rehaussé de gouache, sur papier gris.

A droite, en bas, cachet de la vente.

Haut., 58 cent.; larg., 48 cent.

13 — La Mort du prêtre.

Dessin à la plume.

14 — Épisode du siège de Tuyen-Quan.

Dessin sur papier calque.

15. — A coups de fusil.

Dessin à la plume.

16 — La Veillée en Bretagne.

Dessin au crayon.

17 — L'Attaque de la diligence.

Dessin au crayon.

18 — Portrait de de Neuville.

Dessin au crayon.
Signé à gauche, en bas : *Mai 1860*.

19 — Portrait de de Neuville.

Dessin au crayon.
Signé à droite, en bas : *18 Fév. 1860*.

20 — Un lot de 20 dessins.

21 — Un lot de 20 dessins.

22 — Un lot de 20 dessins.

23 — Un lot de 18 dessins.

www.ingramcontent.com/pod-product-compliance
Lightning Source LLC
LaVergne TN
LVHW010907180726
843502LV00010B/4000